Biber Malbuch
30 Biberbilder zum Ausmalen
Lachlan Anderson

Impressum
Bibliografische Information der Deutschen Nationalbibliothek:
Die Deutsche Nationalbibliothek verzeichnet diese Publikation in der
Deutschen Nationalbibliografie; detaillierte bibliografische Daten sind
im Internet über http://dnb.dnb.de abrufbar.
© 2021 Lachlan Anderson
Herstellung und Verlag: BoD – Books on Demand, Norderstedt
ISBN: 978-3-7543-4351-7

Dieses Buch
gehört

_____